Écrit par Béatrice Fontanel
Illustré par Anne Logvinoff

Conseil pédagogique :
Équipe du bureau de l'Association Générale des Instituteurs et Institutrices des Écoles et Classes Maternelles Publiques.

Conseil éditorial :
Pierre Pfeffer,
directeur de recherche au C.N.R.S.,
Muséum d'Histoire Naturelle.

ISBN : 2-07-039745-9

Dépôt légal : Mai 1987. Numéro d'édition : 37111
Imprimé à la Editoriale Libraria en Italie.

GALLIMARD JEUNESSE

Chasseurs aux pattes de velours, les félins

DECOUVERTE BENJAMIN

Lion d'Afrique, tigre d'Asie, puma d'Amérique... Il y a un air de famille entre les grands fauves et le chat qui rôde la nuit sur les toits, ou qui ronronne peut-être en ce moment sur tes genoux...

Ce sont des mammifères qui font tous partie de la grande famille des félins !

Le chat est un animal domestique. Mais sans bouger, observe-le se glisser dans la maison, bondir sur le canapé : sa belle allure rappelle celle de ses cousins sauvages ! Le chat a la démarche souple d'une panthère miniature. Après une sieste, il s'étire jusqu'au bout des griffes, et soudain décampe ! Ses réactions sont inattendues. Lorsqu'un chat est vexé, il lui arrive de s'asseoir et de lécher son épaule avec une énergie exagérée.
Un jeune lion peut réagir de la même façon si un lion plus fort lui vole sa proie !

Guépard
Tigre albinos
Tigre
Lynx boréal
Puma
Bobcat
Jaguar noir

Serval
aracal
Panthère nebuleuse
Lion
Lionne
Léopard
Jaguarondi
Ocelot
Panthère des neiges
delle
Léopard noir

Le tigre du Bengale vit dans les forêts d'Asie. C'est l'un des plus gros félins du monde.

La savane africaine est le royaume du lion. Il aime s'y prélasser à l'ombre d'un arbre épineux.

La panthère des neiges vit dans les montagnes de l'Asie centrale, où peu d'hommes s'aventurent.

Diable indien, lion des montagnes... Les trappeurs avaient trouvé plusieurs noms pour le puma.

Malgré sa taille prodigieuse, il sait se mouvoir dans les taillis sans un bruit. Il se nourrit du gibier qui vit dans la forêt.

Son pelage clair se confond avec les herbes sèches. Ce sont les lionnes qui chassent, parfois le jour, mais surtout la nuit.

Elle a de larges pattes qui l'empêchent de s'enfoncer dans la neige. Son épaisse fourrure la protège du froid.

Aux Etats-Unis, ce félin vit un peu partout, mais surtout dans les montagnes Rocheuses.

Les félins sont très beaux et très forts.

Le pelage tacheté de certains fauves, comme les guépards ou les léopards, les aide à se camoufler sous les arbres, parmi les taches de lumière.
Même le pelage de la panthère noire, qui semble d'une belle couleur unie, est tacheté. Les félins ont des muscles puissants et des mâchoires redoutables. Ils peuvent tuer des mammifères deux fois plus gros qu'eux. Leur queue leur sert surtout de balancier pour mieux sauter.
Tu peux deviner l'humeur d'un félin aux mouvements de sa queue : si elle bat d'un côté puis de l'autre, l'animal est en alerte. Lorsque les battements sont verticaux, attention, il va charger !

◀ Les jaguars noirs aussi sont tâchetés.

Crâne de lion.

Les petits adorent jouer avec la queue de leur mère.

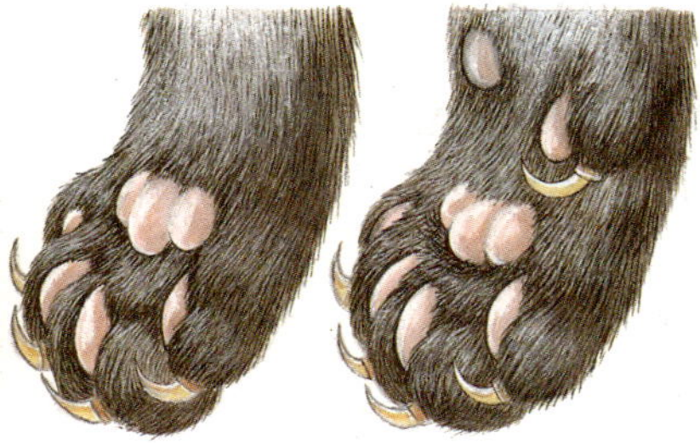

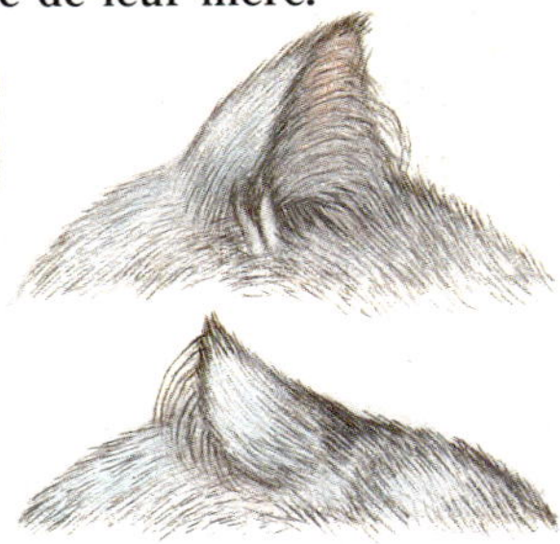

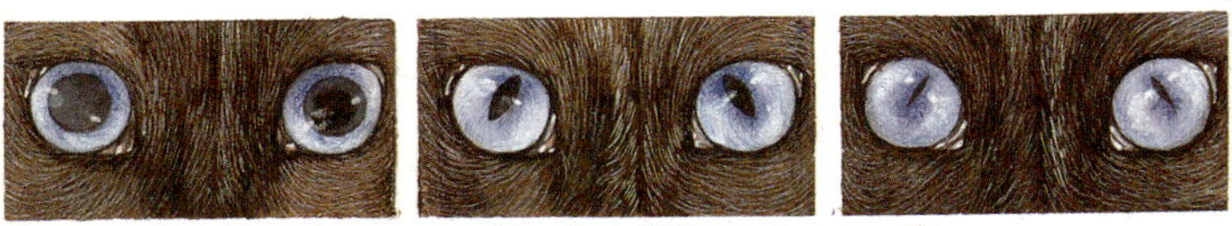

Quand il fait noir, la pupille des félins s'agrandit.
Avec une lumière forte, elle devient une simple fente.

Les moustaches des félins sont ultra-sensibles. Lorsqu'ils chassent dans les fourrés, elles les alertent : ils ne s'engagent pas dans les passages trop étroits pour eux. Ainsi, ils évitent de faire bruisser les branches et d'effrayer leurs proies.

Les griffes des félins peuvent sortir ou rentrer à volonté. Ainsi elles ne s'usent pas et restent acérées. Grâce à elles, les léopards grimpent sur des troncs lisses et verticaux. Dans les oreilles, les félins ont des poils qui leur indiquent les changements de sens du vent. Durant la chasse, leur odeur forte peut faire fuir tout un troupeau de gnous ou de zèbres ! Les félins ont une ouïe fine et une bonne vue. Grâce à leurs yeux placés sur le devant de la tête, ils voient en relief comme l'homme ou le singe.

Tous les félins voient la nuit. Ils ont au fond de l'œil comme un petit tapis qui réfléchit la lumière.

Les félins retombent facilement sur leurs pattes grâce à leur grande souplesse et à leur sens de l'équilibre.

Il arrive que le léopard attaque les singes endormis dans les arbres. Mais en général, il les attaque par surprise au sol, quand ils descendent boire ou manger.

Les félins préfèrent vivre la nuit.

A la tombée du jour, les lions surgissent des fourrés et vont boire bruyamment à la rivière. Puis ils se mettent en chasse. Ainsi ils se fondent dans l'obscurité et profitent de la fraîcheur de la nuit pour attaquer, ou retrouver une carcasse qu'ils n'ont pas finie la veille. Lorsqu'ils changent de territoire et cherchent de nouvelles proies, les lions se déplacent de nuit pour éviter les grosses chaleurs. Il leur arrive de faire trente kilomètres en une nuit !

Le chat pêcheur se régale de poissons, de serpents, de crabes.

Comment chassent les félins ?

La plupart chassent à l'affût : cachés
dans les hautes herbes,
ils s'approchent, le ventre collé au sol,
au plus près de leur proie.
Puis, soudain, en quelques secondes,
donnent l'attaque !

les attrape dans la rivière, grâce à son habile coup de patte.

s bondissent, mordent l'animal
la gorge, lui enfoncent leurs griffes
ans les flancs et le serrent de toutes
urs forces entre leurs pattes.
près l'avoir tuée, les félins traînent
ur victime dans un endroit
anquille, à l'abri du soleil
u des gêneurs.

léopard se met parfois
embuscade dans
arbres pour tomber
r ses victimes.

Les félins sont des prédateurs : ils mangent toutes sortes d'animaux. La panthère dévore aussi bien une grenouille qu'un singe. Les guépards s'attaquent aux gazelles, aux antilopes ; le lion aux zèbres, aux gnous, aux jeunes hippopotames.

Les prédateurs sont utiles : ils mangent les animaux malades, ils empêchent les mammifères qui se nourrissent d'herbes et de feuilles d'être trop nombreux. Ils participent ainsi à l'équilibre de la nature.

Attention au coup de sabot des girafes !

Pourtant, malgré leur puissance, les félins ont des ennemis.
Ils se méfient des éléphants qui peuvent les charger, surtout lorsqu'ils ont des petits. Ils craignent les crocodiles qui les attaquent lorsqu'ils sont en train de boire, et les serpents qui les aveuglent avec du venin ou les étouffent. Les petits redoutent les piquants du porc-épic.

Les lions vivent en famille.
Un clan comprend plusieurs mâles et compte jusqu'à trente individus. Ils ont la réputation d'être de gros paresseux. Pendant la journée, ils bâillent et somnolent, allongés les uns contre les autres. Souvent, ils se lèchent ou se frottent le museau.

À la fin du jour, la savane est toute flamboyante sous les derniers rayons du soleil. Les lionnes vont se mettre à chasser. Le chef du clan, lui, se contente de pousser un rugissement qui porte à des kilomètres à la ronde.

Le guépard est le prince des félins.
Sa silhouette ressemble à celle d'un lévrier. Il a une petite tête avec deux traces noires qui descendent le long de ses joues comme des larmes, des jambes fines et longues, un dos joliment cambré.

Il est le plus rapide : il court à 80 kilomètres à l'heure !
Voilà pourquoi il est l'un des rares félins à pourchasser ses proies. Mais s'il ne parvient pas à les capturer dans les 200 premiers mètres, il abandonne la poursuite.
Le guépard est aussi le seul félin qui n'ait pas de griffes rétractiles. Mais cela lui convient bien, car elles lui servent de crampons pour courir encore plus vite !

En cas de danger, les petits guépards se réfugient dans les arbres.

L'ocelot

Comment les femelles élèvent-elles leurs petits ?

La plupart des félins vivent solitaires. Mais les femelles abandonnent leur indépendance le temps d'élever leurs petits. Durant les premières semaines, les jeunes guépards restent cachés lorsque leur mère va chasser. A son retour, elle les nourrit de viande qu'elle a d'abord mâchée. La lionne initie les lionceaux à la chasse dès quatre mois, avec patience. Elle capture un animal et le relâche sous le museau des petits pour les inciter à la poursuite.

Les lionceaux tètent indifféremment leur mère ou d'autres lionnes de la tribu qui ont aussi des petits.

La panthère et son petit

Les chatons du lynx viennent au monde dans un tronc creux ou sous les racines d'un arbre. A deux mois, ils cessent de téter leur mère et commencent à chasser. A l'automne qui suit leur naissance, ils quittent leur famille.

Le caracal

A leur naissance, les petits du tigre pèsent environ un kilo. Ils tètent leur mère jusqu'à six mois. Devenus adultes à la fin de leur seconde année, ils s'éloignent progressivement les uns des autres.

La tigresse et ses petits

Chez les Égyptiens, le chat était sacré. Lorsqu'il mourait, il était embaumé comme les pharaons.

Le chat est le seul félin domestique.

L'homme a d'abord domestiqué le chien pour l'aider à chasser, puis le porc, la vache, le mouton pour l'élevage; d'autres animaux encore, comme le cheval, l'éléphant ou le chameau pour se déplacer ou pour les travaux des champs. Le dernier animal à être domestiqué fut le chat ! Pour protéger les récoltes des rats et des oiseaux, l'homme a décidé de se servir des chats sauvages, mais cela a pris des centaines d'années ! En vivant à proximité des hommes, les chats sont devenus moins sauvages.

Avant l'arrivée du chat, la genette, cousine de la mangouste, chassait les souris dans les maisons.

◄ Un chat sauvage : il existe encore beaucoup de petits félins sauvages, moins connus car ils vivent cachés.

Angora
Chat turc
Maine Coon
Persan
Persan
à face
de pékinois
Birman
Himalayen
Chat de l'île de Man
Balinais
Abyssin
somali
Américain
Chartreux

Bobtail
Scottishfold
Mau égyptien
Européen tigré
Etranger lilas
péen
Burmex
Bleu de Russie
Siamois
Bombay
Oriental
Rex
Sphinx
Chat à poil dur

Au temps de la préhistoire vivaient des félins à dents de sabre.
Ils avaient des canines longues comme des poignards, mais presque pas de muscles dans la mâchoire.
Puis une autre espèce apparut : celle des **félins mordeurs,** aux mâchoires puissantes, capables de courir vite.
Ils sont les ancêtres des fauves d'aujourd'hui.

Des félins en voie de disparition.
Aujourd'hui, tous les grands félins, à l'exception des lions, dont la fourrure n'intéresse personne, sont en voie d'extinction. La panthère des neiges, pourchassée pour sa fourrure, le tigre, massacré au cours des fastueuses chasses de maharajahs, sont en danger. Des réserves ont été créées pour que les félins puissent vivre en paix dans une nature protégée.

Serval

Chat Margay

Chat des pampas

Jaguar

Qui se ressemble s'assemble !

Mais les pelages de la queue et du corps ne se ressemblent pas toujours !

Serval

Panthère nébuleuse

Chat Margay

Panthère des neiges

Tigre albinos

Chat des pampas

Jaguar noir

Chat marbré

Panthère noire

Tigre

Chat du Bengale

Guépard

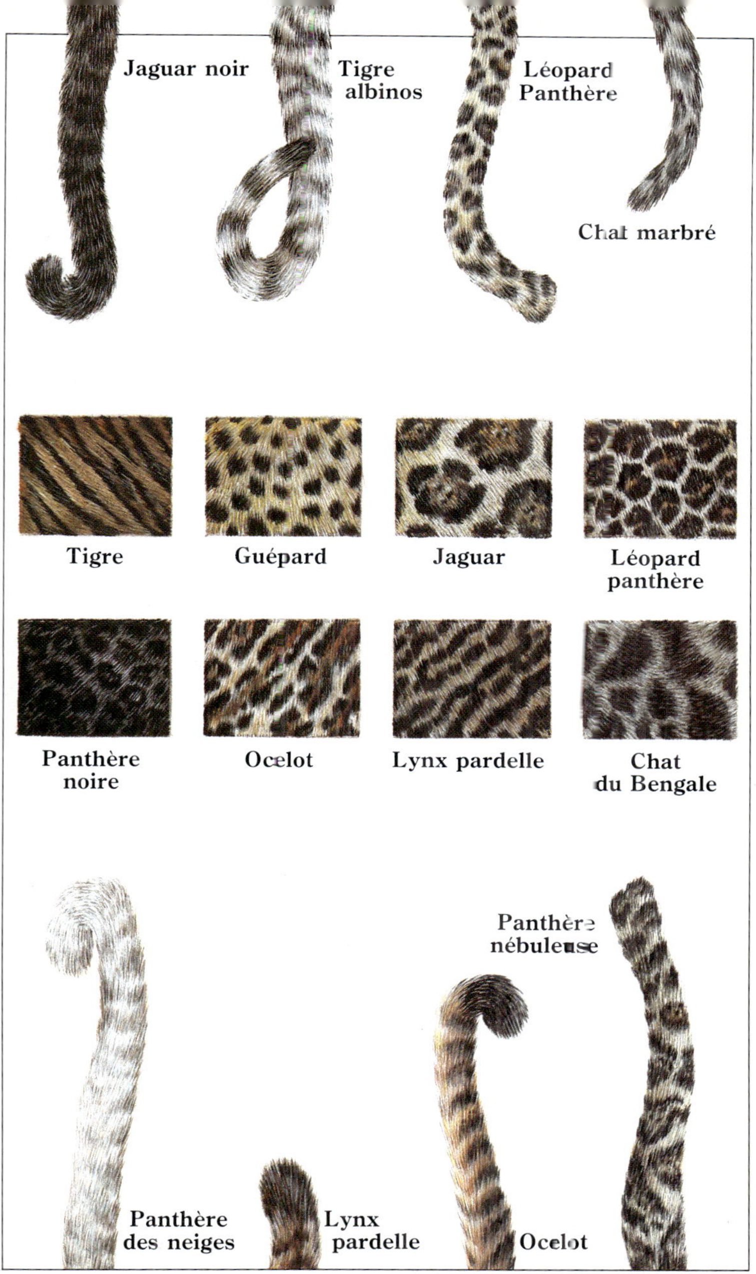
Jaguar noir
Tigre albinos
Léopard Panthère
Chat marbré
Tigre
Guépard
Jaguar
Léopard panthère
Panthère noire
Ocelot
Lynx pardelle
Chat du Bengale
Panthère nébuleuse
Panthère des neiges
Lynx pardelle
Ocelot

Le léopard

Si tu vas dans les bois
Prends garde au léopard.
Il miaule à mi-voix
Et vient de nulle part.

Au soir, quand il ronronne
Un gai rossignol chante,
Et la forêt béante
Les écoute et s'étonne.

S'étonne qu'en ses bois
Vienne le léopard
Qui ronronne à mi-voix
Et vient de nulle part.

Robert Desnos
Chantefables et Chantefleurs
Gründ, 1945

La langue au chat

Ne donne pas ta langue au chat
Jamais il ne te la rendra
Avec ta langue il s'en ira
Jusqu'au lointain Himalaya
et sans langue tu resteras
Jusqu'au retour de Mardi-Gras
Et patati et patata
Jamais ne donne ta langue au chat !

Comptine